D1694781

UELI TOBLER

WORT-STEINE

BÄRNDÜTSCHI GEDICHT

Impressum

Alle Angaben in diesem Buch wurden vom Autor nach bestem Wissen und Gewissen erstellt und von ihm und dem Verlag mit Sorgfalt geprüft. Inhaltliche Fehler sind dennoch nicht auszuschliessen. Daher erfolgen alle Angaben ohne Gewähr. Weder Autor noch Verlag übernehmen Verantwortung für etwaige Unstimmigkeiten.

Text: Ueli Tobler
Coverbild, letztes Bild: Andrea Abegglen
Bilder: Elisabeth Tobler

Weber Verlag AG
Gestaltung Cover: Bettina Ogi
Gestaltung Inhalt und Satz: Celine Lanz
Bildbearbeitung: Adrian Aellig
Korrektorat: Madeleine Hadorn
ISBN 978-3-03818-379-2

www.weberverlag.ch

Der Weber Verlag wird vom Bundesamt
für Kultur mit einem Strukturbeitrag für die Jahre
2021–2024 unterstützt.

UELI TOBLER

WORT-STEINE

BÄRNDÜTSCHI GEDICHT

WEBERVERLAG.CH

INHALT

DIE UNSAGBARE MACHT DES WORTES

Essay von Jeannine König

Theologen und eine analytische Philosophin und Ethikerin trennt vieles, sie haben aber auch eine grosse Gemeinsamkeit: Ihr Werkzeug ist das Wort. Im Alltag sind wir es gewohnt, dass wir unsere Erlebnisse und Gefühle in Worte fassen. Wenn wir sie nicht aussprechen, schreiben wir sie vielleicht nieder, um sie nicht zu vergessen, oder um unsere Gedanken zu ordnen. Wir teilen uns mit, wir kommunizieren, wir kommen miteinander mit Small Talk in Kontakt, kommen uns durch wohlwollende Worte nahe oder entfernen uns durch Beleidigungen voneinander.

Worte machen Spass, wenn Kinder ihre ersten Worte sprechen, oder wir mit Worten spielen und Kreuzworträtsel lösen. Wir drücken mit Worten aber auch unsere Überzeugungen aus und streiten in der Politik um das beste Argument. Wir lesen oder hören die Nachrichten und informieren uns über die Geschehnisse in der Welt, oder wir lesen Romane und tauchen im Kopfkino in fremde Welten ab. Unser Rechtssystem ist in Worten festgehalten und unsere Rechte und Pflichten in Paragrafen und Gesetzesartikeln. Das alles sind für uns selbstverständliche Leistungen des Wortes und der Sprache.

Manchmal verschlägt es uns aber auch die Sprache. Viele von uns mögen sich noch gut daran erinnern, wie die Live-Nachrichtenkommentatoren am 11. September 2001 um Worte rangen, als zwei Flugzeuge in die Türme des World Trade Center in New York flogen und ein drittes Flugzeug in das Pentagon in Washington DC. Angesichts einer solchen Gräueltat fehlten die Worte.

Und was an 9/11 eine ganze Nation im Kollektiv erfahren hat, erleben auch Individuen. Menschen, denen es die Sprache verschlägt, weil sie etwas erleben, das nicht in Worte gefasst werden kann, wie vielleicht die Trauer über den Tod des eigenen Kindes. Diese Erfahrung hat Ueli Tobler zum Lesen und Schreiben von Gedichten geführt. Im Dunkeln ist das Wort am stärksten.

Es scheint also so zu sein, dass Worte nicht alles leisten können, und die Möglichkeit, sich mit Worten mitzuteilen, begrenzt ist. Man kann es bei dieser Tatsache belassen – schliesslich stösst jedes System irgendwann an seine Grenzen –, oder sich die Frage stellen, was alle diese Ereignisse, die uns um Worte ringen lassen, gemein haben.

Sowohl die Terroranschläge in den USA als auch der Verlust eines Kindes stellen eine Zäsur dar. Für viele Menschen in den USA ging das Leben nach 9/11 nicht mehr gleich weiter wie vor den Attentaten, ebenso ist auch der Tod des Kindes eine Zäsur, die es verunmöglicht, das Leben wie bis anhin weiterzuführen. Diese Zäsur kann ein Angriff, ein Unglück, eine Demütigung, ein Verlust, eine Verletzung von Rechten, der Integrität oder der Würde sein.

Was sollen wir also tun, wenn die Worte fehlen und sollen oder müssen wir überhaupt etwas tun? Es gibt Gründe, dafür zu argumentieren, dass wir in diesen Situationen um die Worte kämpfen sollten, es vielleicht sogar müssen.

Der Schrecken des Erlebten braucht manchmal Zeit, um in Worte gefasst zu werden. Dieses erste Erzählen kann stockend, unvollständig, nicht linear und entsprechend auch nicht logisch nachvollziehbar sein

– und wird es vielleicht auch nie sein. Und es wird weitere Zeit und Geduld brauchen, bis klarer wird, was diesem Menschen widerfahren ist.

Wenn wir uns von diesen Menschen nicht abwenden, sondern versuchen zu verstehen, entsteht zwischen dem Erzähler und dem Zuhörer eine Verbindung. Indem wir uns Zeit nehmen, Menschen zuhören, immer wieder geduldig zu fragen, bis das Erlebte Konturen erhält und schliesslich eine Geschichte wird, räumen wir der Zäsur einen Platz ein. Wir nehmen das Erlebte wahr und anerkennen es. Und vielleicht gelingt es uns zu sagen «Ich sehe dein Leid, dein Leben, deine Geschichte und ich anerkenne sie». In solch einem Dialog können Zäsuren weniger schmerzhaft werden.

Wenn es sich bei einer Zäsur nicht um ein Unglück, sondern um ein menschenverursachtes Leid handelt, geschieht dieses Wahrnehmen und Anerkennen idealerweise zwischen Opfer und Täter.

Die Wahrheits- und Versöhnungskommission (Truth and Reconciliation Commission TRC) in Südafrika war vom Prinzip der Anerkennung von Leid geleitet. Nach den Verbrechen der Apartheid wurde unter dem Vorsitz des anglikanischen Geistlichen Desmond Tutu ein öffentlicher Dialog institutionalisiert. Ziel war es, ein Gespräch zwischen Opfern und Tätern zu etablieren. Im Zentrum standen die Anhörungen zerstrittener Völkergruppen, so dass jeweils das erlebte Leid ausgesprochen als auch gehört wurde. Die Wahrnehmung stand im Zentrum, nicht die Konfrontation.

Dass sich Opfer und Täter in einem Dialog begegnen, ist jedoch die Ausnahme. Deshalb sind wir manchmal in der Situation, das Leid von Menschen anzuerkennen, ohne dass wir es verursacht haben. Nun kann eingewendet werden, dass dieses Betrachten und Anerkennen des Leides durch Worte Aufgaben sind, die uns vielleicht überfordern. Es scheint einfacher zu sein, diese Menschen einfach in den Arm zu nehmen. Weshalb also zuhören und sich die Zeit nehmen?

Mit einer Umarmung spenden wir Trost, wie wir ein Kind in den Arm nehmen und trösten, das hingefallen ist, und sich das Knie aufgeschlagen hat. Nach einer Zäsur braucht es aber noch etwas anderes: Wir müssen uns wieder aufrichten, um wieder aufrecht gehen zu können. Für das Wort spricht nämlich auch, dass sich Menschen, indem sie ihr Leid in Worte fassen, mit dem Erfahrenen auseinandersetzen, es in einen Kontext stellen, und in ihr Leben integrieren können. Indem das Leid ausgesprochen wird und jemand es wahrnimmt, kommt es erst in die Welt und wird «wahr».

Und vielleicht verhält es sich so, dass wir Menschen einander verpflichtet sind, weil wir alle eine inhärente universelle Würde haben, die nicht verloren gehen kann, die nicht abgesprochen und nicht zugesprochen werden kann, die aber verletzt und wiederhergestellt werden kann. Diese Würde verpflichtet uns, uns selbst gegenüber, aber eben auch allen anderen Menschen. Darin liegt die Begründung für eine Pflicht, das Leiden anderer wahrzunehmen und anzuerkennen – nicht mehr und nicht weniger. «Ich sehe dein Leid, dein Leben und deine Geschichte – und ich anerkenne sie», sind vielleicht die stärksten Worte, die wir an jemanden richten können. In diesem Satz liegt die Macht des Wortes, die Macht der Wort-Steine, wie sie hier in diesem Buch zu finden sind.

BÄRNDÜTSCH UND SCHRIFTDEUTSCH

In der Schweiz stehen uns zwei deutsche Sprachen zur Verfügung, der Dialekt und die Schriftsprache («Hochdeutsch» habe ich weniger gern, denn dann wäre der Dialekt «niederes» Deutsch – ich halte ihn aber hoch). Zwei deutsche Sprachen: ein Privileg!

Die Gedichte sind, wie der Untertitel verspricht, alle «uf Bärndütsch gschribe». Diese Vorbemerkung, Vor- und Nachwort sind in der Schriftsprache verfasst, ebenso die Anmerkungen unten an den Seiten.

Bei der berndeutschen Schreibweise halte ich mich so eng als möglich an diejenige der Schriftsprache – das Bild ist uns vertrauter. Selbstverständlich nehme ich an, dass Bernerinnen den Dialekt so sprechen und innerlich hören, wie sie es aus dem Alltag kennen. Wenn zum Beispiel «Wält» steht, werden viele Berner «Wäut» hören.

Die Texte in Schriftdeutsch bilden den schlichten Rahmen, die Bärndütsch-Texte den Kern des Buches. Oft ist es umgekehrt: ein Vortragspublikum wird im Dialekt begrüsst, die Präsentation erfolgt in der Schriftsprache.

Das Buch soll dazu einladen, munter zwischen den Texten hin und her zu hüpfen, anstatt sie einer strapaziösen A–Z-Lektüre zu unterziehen. Das entspricht dem Spiel, das ich mit den Wörtern so gerne spiele, ein durchaus ernsthaftes Spiel und darum mit Humor.

Die Anmerkungen sind bewusst klein gehalten. Wer sie als unnötig erachtet,
überspringe sie fröhlich.
Die Bibelzitate sind der Zürcher Bibel 2007/2005 entnommen.

11

WORT-STEINE

I
Dr Wort-Stei
uralt
u starch
än ehrwürdige Patriarch

Dr Wort-Stei
chäch u jugedlech
rugelet
u chugelet

D Wort-Steine
geduldig
dräjen u chehre
u vone lehre?

Mit Wort-Steine
bedächtig boue
si gäbe Halt
u felsefeschts Vrtroue

D Wort-Steine
süferli richte
u merke:
si gwichte

Jonas, unser Enkel, baute kunstvoll und mit grosser Geduld Steintürme und –konstruktionen auf den Felsblock. Sein Kunstwerk inspirierte mich zum Titel des Gedichtbandes und zum Eingangs-gedicht.

II
Hüüfig vrgässnigi
Wort-Steine:
di steiherte
Bibel-Wort

Dr Babel-Turm
di Zäh Gebot
d Stei-Schrift
vo Gott

Dr David
u si Stei
är bruucht ne schlau
u preicht genau

Äs witers
Stei-riichs Exämpel
dr Salomo
u si Tämpel

Jesus Chrischtus
dr Schluss-Stei
macht Schluss
mit Steinige

Är wiist
anderi Wäge
für Böses
z bereinige

Für ds Gottes-Riich
bruucht är
läbigi Steine
mii chönnt är meine

Ds Felse-Grab
bezügt
am Oschtertag
dr Tod – dä lügt

Zletscht
richtet Jesus
im himmlische Jerusalem
ds Bösen isch plem-plem

Bezüge zu den folgenden biblischen Geschichten:
Turmbau zu Babel: 1. Mose 11,1–9
10 Gebote: 2. Mose 20,1ff
David und Goliath: 1. Sam 17,1–58
Salomos Tempelbau: 1. Kön 6
Jesus und die Ehebrecherin: Joh 8,1–11
Lebendige Steine: 1. Petr 2,5
Felsengrab am Ostertag: z.b. Joh 20,1ff
Himmlisches Jerusalem: Offb 21

STIMMEN IM STEI

Är leit ds Ohr
a Stei
ghört d Stimme
im Stei

D Maria briegget
dr Suhn
uf ihrem Schoss
isch tot

Är lost
befreit Marias Truur
wott se
nid la vrsteinere

nume fiin
vrschleiere
jitz steit si da
la Santa Pietà

Gott gseht dä
wo id Steinen ine lost
Gott lost ine
ids Künschtler-Härz:

Michelangelo
wär isch i dir?
– du Herrgott!

– hallelu-

ja
rüeft Gott
voll Fröid

Nach der Erzählung von Rainer Maria Rilke «Von einem, der die Steine belauscht» aus den
«Geschichten vom Lieben Gott».
Die Pietà von Michelangelo steht im Petersdom in Rom.
Pietà (it. für «Frömmigkeit, Mitleid», nach lat. domina nostra de pietate «unsere Herrin vom
Mitleid») … ist in der bildenden Kunst die Darstellung Marias als Mater Dolorosa (Schmerzens-
mutter) mit dem Leichnam des vom Kreuz abgenommenen Jesus Christus. Zit. Wikipedia.

BODE

I
Ds Wort blibt nid
ir Luft

äs geit z Bode
urchig-wärchig

Chrischtus
würkt uf dr Ärde

ds Gotteswort
chunnt uf ä Grund

macht is gründlech
möntschefründlech

Bode-ständig
Himel-offe

II
Ds Wort – üse Bode
wo mir druf stöh

D Sprach – üse Wäg
wo mir druf göh

Isch dr Bode hert
errünnt ke Same druus

Wärde d Wäge gschliferig
rütsche mir druf uus

Hei mir nid Sorg
zu de Böde

u Wäge
wird ds Läbe

bodelos-
vrwäge

NETZ

I
Am Afang
ds Jah-
Wort

Ds Wort
het
Fade

Ä Huuffe Fäde
mänge Chnüppel
eis Netz

Mit em Netz
cha me
Fische faa

u Möntsche
Vrloornigi
u d Lugine

Jah = Abkürzung für Jahwe.
Jahwe = Gottesname des Volks Israel, der aber von jüdischen Gläubigen nicht ausgesprochen
wird.

II
Schritt für Schritt
Wort für Wort
uf di hööchschte Seili

Ke Angscht
drunder hets
äs Netz

DS WORT

HUUS

Ds Wort
isch äs Huus
da gangen ig
ii und uus

Ds Wort
isch äs Huus
da huse
Löi u Luus

Ds Wort
isch äs Huus
da fahre Blitz
u Donner druus

Ds Wort
isch äs Huus
da tönts druus
poppig u bluus

Ds Wort
isch äs Huus
da ischs so liisli
so mugs so müüsli

WONIG

I
Ds

W   ä **W**onig **w**on i **w**one

O   än **O**rt wo mi **o**rtet

R   ä **R**uum won i **r**umore

T   ä **T**üüre won i mi **T**üüri düre darf

II

Wohnen im Wort
u ds Wort
im Härz la wohne

Die Wunder-Wonig
nid mit Wörter
überstelle

Dr Klang
u ds Liecht
u d Rueh

si
Möbel
gnue

SCHLÜSSLE

Schlüssle
bschliesse
uf u zue

d Türe
d Töri
d Tröji

dr Himel
d Höll
u ds Härz

Schlüssle
si us Ise
Guld u Wort

Wort si meh
wärt
als Guld

we si passe
win ä Schlüssel
ids Schloss

Angeregt durch die Predigt am 17.1.2021 in Ins von Ruth Ackermann Gysin zu Matth 16,18–19: Und ich sage dir: Du bist Petrus, und auf diesen Felsen werde ich meine Kirche bauen, und die Tore des Totenreichs werden sie nicht überwältigen. Ich werde dir die Schlüssel des Himmelreichs geben, und was du auf Erden bindest, wird auch im Himmel gebunden sein, und was du auf Erden löst, wird auch im Himmel gelöst sein.

CHÄLLER

Dr Gottfried Chäller
hasset d Pfaffe
wo dumm uf ds Ewige gaffe
d Gägewart vrachte
ds Himelriich wei pachte
kes Gspüri hei
für d Möntschen u d Natur
uf dr Kanzle stur
lääri Dogme drösche
statt dass si
vor dr eigete Türe wüsche

Du Poet
Pfaff o du!
la das Wort
la wärde
u süsch
he nu!

In seinem Roman «Der Grüne Heinrich» beschreibt Gottfried Keller (1819–1890) wie die
trockenen dogmatischen Sätze von der Kanzel den Grünen Heinrich zur Flucht aus der Kirche
und aus dem Christentum bringen – nicht ohne sich weiterhin damit auseinanderzusetzen.

HÖHLI

I
Ds Wort
wird Stei

Stei-hert
u liecht

läbig
u fescht

Ds Härz
vom Wort

dr alt Chrischtus
am nöje Chrüz

In Mogno, Val Lavizzara, steht die eindrückliche Kirche San Martino von Mario Botta
(* 1. April 1943 in Mendrisio, Kanton Tessin).

II
Stei u Felse
z ringsetum

ä Liechtstrahl
findet dr Wäg

I bi
Felse-fescht
u Liecht-Strahle-liecht
ghäbt

ir grosse
Höhli WORT

III
Ds Läbe het
Eggen u Kante
louft nid nume rund

Eggigi Steine
sträng tischelet
gäben ä Boge

Under em Boge
bin i sicher
u ge-borge

BURG

Gott du Ort
won i sicher bi
sicher vor dr Kündigung
sicher vor em grosse Crash
sicher vor allne Schwankige
ke Chrieg
ke Katastrophe
cha dä Ort kaputte
Gott – du Ort
won i sicher bi

Chrischtus du Wort
wo wahr isch
wahr ir Schwetti vo Wörter
wahr im Twitter-Gwitter
alli Lugine
alli faltsche Vrspräche
wärde dürchrüzt
schitteren am Wort
Chrischtus – du Wort
wo be-wahrt

Heilige Geischt du Wulche
wo mi leitet
mi Identität u mis Profil
si beschtens hinterleit
niemer cha se häcke
niemer cha se packe

Heilige Geischt – du Wulche
wo mi bhüetet

Heilige Drüeinige Gott
Ort
u Wort
u Wulche

dihr blibet
im Läbe
und über ds Läben us
mi Burg u Turm
i den analoge
u digitale Stürm

Psalm 46,8 … eine Burg ist uns der Gott Jakobs.
Ein' feste Burg ist unser Gott … Nachdichtung des Psalms durch Martin Luther,
Ref. Gesangbuch 32.

LEITERE

Z Solothurn
solo turne

Literate
stige

mit Lettere
uf Leitere

höch
ids Gedankegrüscht

müglechscht
ohni

Wörter
z littere

us lutter
amour

zur
Literatur

Nach dem Besuch der Solothurner Literaturtage 2011.

BRÜGG

Ds Wort
bout d Brügg
vo Möntsch zu Möntsch

D Stilli
bout d Brügg
vo Wort zu Wort

D Schöpfig
bout d Brügg
vom Möntsch
id Stilli

D Kunscht
bout d Brügg
vor Stilli zum Wort

Gott
bout d Brügg
zum erschte Wort

Ds letschte Wort
isch no nid
gseit

ä Brügg
zrügg
zu Gott?

SPILE

Statt stresse
eifach spile

drum
vrwile

vili
gärn

bim
Spile

d Charte
nöi mischle

mit Würfle
punkte

ungsinnet
gwinne

I ha lieber
Wörter

spile
Wort-wörtlech

Zile
um Zile

u vrwile
…

FRANCESCO

Hochgebirgs-Bure-Suhn
us em ängen Ursere-Tal
wits Härz
chindlech-jugedlechs Gmüet
lawinesichere Gloube
deheim
uf Bärgspitze
i spitzige Wort
unter dr spitzige
Kapuzinerkapuze
Spitzbueb u Pater
Bärg- u Fäldprediger
Seelsorger
Chrischt
üse Brueder Franceso

Der Kapuzinerpater Franceso Christen (1944–2017) und ich haben während vieler Jahre beim Bäuerlichen Sorgentelefon zusammengearbeitet. www.baeuerliches-sorgentelefon.ch

CHITT

Wort
uf
Wort
bigelet
git
ä Bigi
Wörter

Äs bruucht
Chitt
dass
si het
u nid
zäme-
fallt

Ä
solidi
Bigi
Wort
git
ä Gedanke

Geischt-
riich?
i däm
Fall:
danke!

ZWÜSCHERÜÜM

Dr Roman
bruucht
Zit
u Ruum

für
ne Riisehuufe
Wörter

ds Gedicht
bruucht
Zit
u Ruum

für

d Zwüsche-

Rüüm

GE-DICHT

Eis Wort
elei
ganz dicht
zum Bispiil
äs Ge-dicht

Je meh Wörter
desto meh
undichti Stelle
zum Bispiil
Soll und Habicht

Eine
wo d Lücke
zwüsche de Wörter
bispiilhaft
dichter macht
wird Dichter

FÄNSCHTER

Wörter
si
Fänschter
     vrschüüche
     d Fiischteri

u
Gschpänschter
     gruuselig
     gfüürchig

Wörter
si
Marder
     gnagen
     am Gmüet

u
Murmeli
     pfiiffe
     bi Gfahre

Wörter
si
Schnitzer
        schnide
        vrwunde

u
Flitzer
        blitze
        witzle

Wörter
si
Chitt
        zwüsche
        geschter
        u hüt

GEISCHT

Ds Wort geit
mit em Geischt

Dr Geischt geit
mit em Wort

Ds Wort ohni Geischt
geit ufe Geischt

Dr Geischt ohni Wort
geischteret – vrgeit

Ds Wort mit Geischt
begeischteret

git em Geischt
äs Gsicht

Dr Geischt
wird wört-lech

git em Wort
ä Wärt

MUET

I
Dr Muet
öppis z säge

dr Wort-Muet
ds Muet-Wort

ds Muet-mach-Wort
zeigt d Wort-Macht

uf mit em Muul
ke Zue-Muetig

muetig
öppis säge

eis liisligs Wort
bricht ds unsägleche

Schwige

II
Dr Muet
hocket
ir Chischte
isch iigsperrt
vor Angscht

tot-gschwige
läbes-läng-lech

Dr Geischt
sprängt
ar Pfingschte
d Chischte
wit uuf

unvrhofft

äs chunnt
zum Muet-Usbruuch
jitz hocket
d Angscht
ir Chischte

ds Wort isch frei
für geng?

Angeregt durch die Pfingstpredigt 2021 in Ins von Sylvia Käser Hofer, meiner langjährigen Kollegin.

BLUET

I
Ds Wort
wird Fleisch

furchbar!
u voll Bluet

Ds Wort
wird Fleisch

leit äs Chleid a
us Fleisch u Bluet

vrkörperet
im Chrischtus

fruchtbar!
u macht Muet

Joh 1,14
Und das Wort, der Logos, wurde Fleisch
und wohnte unter uns,
und wir schauten seine Herrlichkeit,
eine Herrlichkeit, wie sie ein Einziggeborener vom Vater hat,
voller Gnade und Wahrheit.

II
No blutter als blutt
so bluetig-blutt

Chrischtus
am Chrüz

sis Wort
blibt

bluetwarm
barmhärzig

möntschlech

SANFT-MUET

I
Naagä
bruucht meh Muet
als umegä

    Wort
    si schaffe
    wi Waffe

Iistecke
bruucht Chraft
meh als Usteile

    keni Wort
    chöi
    entwaffne

Uf d Gwalt vrzichte
isch ä Leischtig
grösser als d Gwalt iisetze

    d Waffe
    wird
    zum Wort

II
Sanft-Muet
nume guet
für Schwachi-Dummi?

Sanft-Muet
äs Gloubesguet
mit Chrischtus-Muet

RADIO-LOGII

Wort für Wort
Satz für Satz
Ton für Ton

wird am Radio
überleit
gseit
gsändet

d Wort
dr Logos
strahlen us

Radio-logisch

Als Jeannine König bei Radio SRF arbeitete, lud sie meine Frau Elisabeth und mich zu einem Besuch im Radiostudio Bern ein.

ZITIG

Zitig im Zug
zügig d Zitig läse

im Zug
vor Zit

am beschte vorzitig
will scho gliichzitig

wär unzitig
ir hüttige Zit

steit hüt
ir Zitig

FINGER

D Finger vom Ängel
schüüche d Maria zrügg
bim Bscheid wägem Chind

Marias Händ
häbe ds Chöpfli vom Chind
ir Heilige Nacht

D Ängel-Finger
finde himmlischi Tön
bir Geburt vom Chind

Ds Chind fingerlet
ar Chötti vor Muetter
u die lachet

D Händ vo Chrischtus
finde
am Karfritig

ke Halt am Himel

Dr Johannes zeigt
uf d Wunde
vo Chrischtus

Dr Maria Magdalena
vrchrampfe sech d Arme
vor Schmärz

D Händ vor Muetter
lege sech zäme zum Bätte
am Grab vom Suhn

D Soldate sueche
vrgäben ihri Waffe
ir Oschternacht

Chrischtus
isch am Oschtermorge
im Liecht vom Läbe

D Finger vo hüttige Lütt
düten uf alli di Finger
ar Pfingschte

Dr Heilig Geischt
het i all dene Bilder
sini Händ im Spiil

berüert

Pfingstreise nach Colmar, Betrachtung des Isenheimer Altars von Matthias Grünewald
(* um 1480; † um 1530).

FRIDE

Dr Fride jage
win äs Reh

äs schüüchs
u schnälls

dr Fride jage
im Gstrüpp vom Hass

dr Fride jage
bis id Dörn

Bluet
a Händ

u Füess
un am Chopf

äntlech: da!
dr Fride!

Nid uf ne schiesse
ihm nid ds Fäll abzieh

scho Wort
chöi töde
hütte

dr Fride sägne
bhüete
rette

Angeregt durch die Predigt von Matthias Neugebauer, meines Nachfolgers, am 27.1.2019 in
Müntschemier über Psalm 34,15b: … suche Frieden und jage ihm nach.

hütte = häuten

THOMAS

Dichter Pfarrer
z Wales

sini Gedicht
knapp – Natur

sini Sätz u Wörter
wätterfescht wi alti Böim

wild wi Wasser
hert wi Stei

zmitts drin unerwartet
Gott – mit sim Wort

ganz natürlech
knorrig – wild – hert

u sch-sch-sch-t …
zwüsche de Wörter u Strophe

wird viil

ungseit gseit

id Wort-Wunde leit

dr Thomas

unglöubig-glöibig

sini Dichter-Finger

Ronald Stuart Thomas (*29. März 1913 in Cardiff; + 25. September 2000 in Pentrefelin)
war ein walisischer Lyriker und anglikanischer Geistlicher. Quelle: Wikipedia.
Das Gedicht bezieht sich auf den zweisprachigen Gedichtband «In zierlichen Schlingen –
In Delicate Nooses», von R. S. Thomas, Babel-Verlag, 2000.

Joh 20,24–29
Thomas aber, einer der Zwölf, der auch Didymus genannt wird, war nicht bei ihnen, als Jesus
kam. Da sagten die anderen Jünger zu ihm: Wir haben den Herrn gesehen. Er aber sagte zu
ihnen: Wenn ich nicht das Mal der Nägel an seinen Händen sehe und nicht meinen Finger in das
Mal der Nägel und meine Hand in seine Seite legen kann, werde ich nicht glauben. Nach acht
Tagen waren seine Jünger wieder drinnen, und Thomas war mit ihnen. Jesus kam, obwohl die
Türen verschlossen waren, und er trat in ihre Mitte und sprach: Friede sei mit euch! Dann sagt er
zu Thomas: Leg deinen Finger hierher und schau meine Hände an, und streck deine Hand
aus und leg sie in meine Seite, und sei nicht ungläubig, sondern gläubig! Thomas antwortete und
sagte zu ihm: Mein Herr und mein Gott! Jesus sagt zu ihm: Du glaubst, weil du mich gesehen
hast. Selig, die nicht mehr sehen und glauben!

HIOB

I
I säge nüt
ohni mi Awalt
kes Wort
ohni mi Für-Spräch
dä lost uf mi
u luegt zu mir
är ruechet
u heilandet
für mi
u löst mi Fall

Das isch dr Hiob
gschlage vom Schicksal
u de Rat-Schleg
vo sine Fründe
un em Tüüfel usgliferet
vo Gott!

Aber Gott
wird dr Hiob
nid los
u dr Hiob
wird nid
Gott-los

.

Hiob: der grosse Dulder und Frager im Alten Testament.

Hiob 19,25
Ich aber weiss: Mein Anwalt lebt.

Rueche: Kommt das berndeutsche Wort «rueche» (= grob anpacken) vom Hebräischen «ruach»?
Das scheint mir nicht ausgeschlossen.
Vgl. Die jiddische Form hatslokhe un brokhe des als Glück- und Segenswunsch benutzten
Ausdrucks mit der Bedeutung «Erfolg und Segen» leitet sich von hazlacha uwracha aus dem He-
bräischen ab – von lehazliach «gelingen lassen» und lewarech «segnen». Von deutschsprachigen
Hörern wurden diese Worte als Hals- und Beinbruch verballhornt. Quelle: Wikipedia.

Ruach (hebräisch) = Hauch, Wind, Geist.

II
Dr Hiob häbt
sech dran:
Gott isch
nid eifältig
nid zwiispältig
Gott isch
drei-faltig

Im erschte Falt
isch Gott dr Alt
mit em Tüüfelspakt

Im zwöite Falt
schlö d Schicksals-Schleg
dr Heiland sälber

Im dritte Falt
entfaltet dr Ruach-Geischt
Er-Lösige

I dene drei Falte
offebart sech
ds göttleche Walte

u deckts
o grad
zue

Ruach (hebräisch) = Hauch, Wind, Geist.

III
Dr Tüüfel
le diable – ho diabolos
dä wo alls
dürenander schiesst
d Türe zueschlat
u no grad vrnaglet

sini beschte Negel
vrnaglet är
am Chrüz
und er-richtet drmit
en Orientierigs-
Punkt

Le Diable (franz.) kommt von ho diabolos (griechisch) und bedeutet wörtlich «der Durcheinan-
derwerfer».

ZWO SITE

Eis Wort
zwo Site

sunnsits
Farbe Forme

schattsits
Lääri Schwerzi

zviil Sunne:
Sunne-Stich

zviil Schatte:
Schatte-Schlag

ds Läbe sälber
Sunnen u Schätte

ds Wort
isch Läbe

ZWÖI BÜECHER

Ds Buech
vor Wüsseschaft

beschribt
up-to-date

d Natur
u d Kultur

d Aschtronomii
u d Nanotechnologii

d Energii
u d Chemii

ä Jahrmillione-Gschicht
geng ir Pflicht

zu Präzision
u Re-Vision

zu Formle
u Zahle

Wiisheit
im grosse

u gnaue
WIE?

Ds Buech
vom Gloube

vrzellt
archaisch-aktuell

vom Guete
u Böse

vom Vrsklave
u Erlöse

vom Wärde
u Vrderbe

vom Afang
u Änd

vo Zit
u Ewigkeit

Fride
u Fröhlechkeit

Wiisheit
im grosse

VO WO?
WOHII?

I beidne Büecher

unändlechi
Wiisheit

nie ei-sitig
hundert-tuuset-sitig

niemer cha
alls erfasse

äs blibe
Demuet

Stuune
Dankbarkeit

Wissenschaft und Glaube: Während einer Wanderung mit der Zofingia am 6.6.2021 kam ich in ein intensives Gespräch mit dem Veterinär-Physiologen Jürg Blum.

BUECHIGS

Bueche
schlö
Wurzle

d Bueche
macht
Escht

ir Bueche
bletteret
Luft

d Buech-Nüssli
purzle
abe

Im Buech
stö
Buechstabe

us de Buechstabe
wachse
Gschichte

dür ds Buech
blettere
Finger

u Wüsse
schlat
Wurzle

ZWÜSCHE-HALT

S isch
chalt
ir Wält

Zwüschehalt
im Bahnhofbuffet
und äs Tassli heisse Gaffee

Zwüschehalt
ir Chilche
äs heisses Bibelwort

S isch jitz nümme
ganz so chalt
ir Wält

Zwischenhalt: In der reformierten Kirchgemeinde Ins wird eine kurze Werktagsfeier so genannt.

HÄRZ-SCHMÄRZ

Härz-Schmärz:
d Ohre dröhne
vom Donner-
schlag-schwäre
Ghör-Sturz

Härz-Schmärz:
d Ouge si bländet
vom Blitzschlag
gseh nume
no schwarz

Ir Wort-Stilli
chunnt ds Ghör
zrügg
liisli
liisli

Im Wort-Schatte
lüüchte d Farbe
nöi
fiin
fiin

MÄSSER U SCHWÄRT

Ds Mässer
trennt
d Schinti
vor Frucht
ds Fleisch
vom Chnoche
u dr Stei
vor Pfluume

Mässerscharf
trennt Jahwe
ds Liecht
vor Fiischteri
ds Wasser
vom Land
– us em Tohuwabohu
wird d Schöpfig

Mässerscharf
trennt Jesus
d Hüüchlerei
vom Gloube
d Chrankheit
ud Armuet
vor Schuld
u dr Stolz
vom Gottvrtroue

Sis Schwärt
isch ds Wort
wo Rächt
u Urächt
trennt

Jedes Schwärt
vrlüürt
dä Wärt
wes afat töde

Angeregt durch die Predigt von Hulda Gerber am 19.7.2021 in Siselen über das Schwert, die Zwietracht und das Trennende.

CHOTZ-SACK

Wes zum Chotzen isch
im Flüger
im Bus
uf em Schiff

wes dr Mage
nid ma haa
isch d Houptsach
ä Chotz-Sack

U we öppis
uf em Mage liit
wo i ke Chotz-Sack
ine ma?

Rück-Schleg
Töif-Schleg
giftigi Wort
vrweigereti Wort
Vrsäge
Unsäglechs

D Houptsach
wäri ä Sack
zum Chotze
– unäntlech gross
handlech chlii

Dr chrischtlech
Chotz-Sack heisst
«Gebätt»
dä häbt

Angeregt durch das ästhetisch ansprechende Buch «Für Reisekranke», hrsg. von Eliane Häfliger
und Sara Aurelia Eggel, Verlag vatter&vatter, mit einem Nachwort von Robert Elsaesser.

74

LUGI U WAHRHEIT

Nachrichte
richte sech nach
Wahrheit
u Lugi

Nume:
di blutti Wahrheit
u di blutti Lugi
gits nid
ihri Blütti
schiniert

Drum
loufe si
agleit
u vrchleidet
desume

No schlimmer:
Lugi u Wahrheit
wärde klonet
tuusetfach
ihri Faces
ver-booket
ihri Wäge
ver-twittere

Lugi u Wahrheit
bewusst
gstüüret
unbewusst
betüüret

bis es niemerem meh
ghüür isch
niemer
keir Nachricht
meh trout

Dadruf bout
d Diktatur
u macht
sich sälber
zur Remedur

Drwile
si d Händ
vo Chrischtus
agnaglet
am Chrüz
Manipulation
isch keni meh müglech

Im Fremdwort «Manipulation» steckt das Wort «main» (franz.) «mano» (ital.) = Hand.

CHNOCHEN U BROT

Ds Wort wi Chnoche
ä herte trochnige Broche
trotz em Choche
jahrhundertilang

Ds Wort win ä Brüji
giftig-vrsüücht
dass d Galle
überlouft

Ds Wort wi Brot
chüschtig-gluschtig
wird broche
u teilt

Ds Wort wi Wii
weich u würzig
dr Bächer isch voll
dass är überlouft

Die zwei letzten Zeilen sind ein Zitat von Psalm 23,5 «D Psalme bärndütsch. Übersetzig Hans, Ruth und Benedikt Bietenhard», 1994.

EIDÜTIG – VIILDÜTIG

I
Ds Gotteswort
isch eidütig:
de Schwache biistah
de Hilflose hälfe
di Schutzlose schütze

Ds Gotteswort
isch zwöi-, isch viildütig:
wäm vo de vile
hälfe u wie
ne bistah
u se schütze?

Ds Gotteswort
isch eidütig:
sprängt Gränzen uf
zwüsche Gott u Möntsch
im Schöpfigswort
ir Chrischtusgschicht

Ds Gotteswort
isch zwöi- isch viildütig:
dr Möntsch
blibt begränzt
sini Wäge
wärde dürchrüzt

II
Ds Gotteswort
isch eidütig
üsi Ohre
tües vrdopple

ds Härz
d Seel
dr Vrstand
vrviilfaches

Anlässlich des Visionsfestes der Reformierten Kirchen Bern-Jura-Solothurn am 10. September 2017 in Bern predigte Jürgen Ebach aus Bocchum über Psalm 62,12: Eines hat Gott geredet, zwei Dinge sind es, die ich hörte.

WORT U MACHT

Reformiert:
formuliert
ds Wort nöi
für d Zit

Reformiert:
demokratisiert
d Macht
vo Zit zu Zit

Ds Wort
als Basis
d Macht
ar Basis

das
isch hüt
churz formuliert
reformiert

Was bedeutet es, zur reformierten Kirche zu gehören? Diese Frage stellt sich immer wieder und erst recht, weil uns in der Schweiz, gerade auch im Kanton Bern, immer mehr bewusst wird, dass die einstmals grosse Mehrheitskirche zu einer Kirche der Minderheit wird.

ELEKTRONISCH U PERSÖNLECH

Twittere
tschättere
smsle
Wörtli brümsle
Sätzli brünzle

bis
d Kommunikation
tschäderet
vrfläderet

d Gedanke
grederet
u d Sprach
gschredderet si
…
düre
vrbii

Öppis Nöis muess sii
ä nöji Technologii?

Probiers wi Gott:
chumm persönlech
u vrsöhnlech

dis Gsicht
di Bricht
hei Händ u Füess
u Härz u Geischt

Us dr Kommunikation
wird
d Wart-i-chumen-Aktion

DATEN U TATE

I
Wörter
Zahle
Zeiche
Date
sött me
sichere

Untate
nid lösche
uf dr Feschtplatte
vor Wältgschicht

II
Ä riichi
übervolli
Fescht-Platte
mit allne
Läbes-Tate druf

O
bi den abgloffnige
Date
hets Bruuchbars
drbii

ÄNGLISCH U BÄRNDÜTSCH

Work-aholic
world-aholic
word-aholic
worth-aholic

u di bärndütschi Korrektur:

Wärch-tätig
Wält-offe
Wort-bewusst
Wärt-voll

Work = Arbeit
World = Welt
Word = Wort
Worth = Wert

Work-aholic = arbeitssüchtig, abgeleitet von alcoholic = alkoholsüchtig.

GAH U BLIBE

I
Är geit
u blibt
ar Himelfahrt

Sis Wort
si Säge
blibe

Si liibhaftigi
Gägewart
geit

Är geit
u sini Lüt
wärde
eigeständig

u gliich
blibt är da
u sini Lüt
blibe da
u dranne

Aus dem Himmelfahrtsbericht der Apostelgeschichte 1, 9–11: Als er (Jesus) dies gesagt hatte, wurde er vor ihren Augen emporgehoben, und eine Wolke nahm ihn auf und entzog ihn ihren Blicken. Und während sie ihm unverwandt nachschauten, wie er in den Himmel auffuhr, da standen auf einmal zwei Männer in weissen Kleidern bei ihnen, die sagten: Ihr Leute aus Galiläa, was steht ihr da und schaut hinauf zum Himmel? Dieser Jesus, der von euch weg in den Himmel aufgenommen wurde, wird auf dieselbe Weise wiederkommen, wie ihr ihn in den Himmel habt auffahren sehen.

II
Ds Läbe
läbt
vom Gah u Blibe

Geng müesse gah
macht
kaputt

bständig müesse
blibe
vrblödet

Dr Gloube
geit geng witer
blibt dranne
blibt tröi

geng nöi
balanciert är
ds Bliben u ds Gah
halle-lu-ja!

LÄSEN U LOSE

Läset!
Loset!
mir hei Läset
mir läse Trube
wi anderi
Wörter läse

D Trube chöme
ids Fass
i Gährigsprozäss
bim guete Wii
isch drum viil
Kunscht drbii

Vor em Läset het me
d Räbe gschnitte
dr Stockbehang
kontrolliert
u reduziert
für ne guete Wii
gilts bescheide z sii

Bi de Wörter
wird chuum meh
usegschnitte
dr Stockbehang
wird nümme
kontrolliert
u reduziert
– unkontrolliert
schwirre d Wörter
zum Muul
u zu de Taschten us
dr Gährigsprozäss
wird churz u schnurz
ohni Façon u Fass
übersprunge
ds Niveau
vom Wort-Läset
isch wit wit unde

Läset!
Loset!
vor em Läset
erläset!
erlöset d Läsi-Schar
vor Massewar

Seit einem Dutzend Jahre bin ich Mitbesitzer und Mitarbeiter im Rebberg «Bir Länge Stude»,
Müntschemier. Den Höhepunkt des Rebjahres bildet natürlich der Läset, die Traubenlese.

KLEE U CHAGALL

Buechstabe tanze
u Farbe singe
proteschtantisch-nüechter
i de Bilder vom Klee

Farbe lüüchte
Wörter mache Purzelböim
orthodox-fantastisch
i de Chagall-Bilder

So schribe wi die male
äs unbescheidnigs Ziil
scho asatzwiis
wärs
viil

Paul Ernst Klee (* 18. Dezember 1879 in Münchenbuchsee; † 29. Juni 1940 in Muralto),
Maler und Grafiker.
Marc Chagall (* 24. Juni / 6. Juli 1887 in Peskowatik bei Witebsk, Russisches Kaiserreich,
heute Weissrussland; † 28. März 1985 in Saint-Paul-de-Vence, Frankreich) war ein französisch-
russischer Maler jüdischer Religionszugehörigkeit. Quelle: Wikipedia

Bilder der beiden Künstler begleiten mich seit der Jugend.

WASSER

I
Ds Wasser
u ds Wort

herrlech
gfährlech

ds Wort-Wasser
ds Wasser-Wort

Wälle
vom Tote Meer

Quelle
vom Läbe

II
Zviil Wasser:
ds Land
u ds Läbe
gö under

Zweni Wasser:
d Wüeschti wachst
u d See'e
stärbe

Zviil Wörter:
ds Härz
u ds Hirni
ertrinke

Zweni Wörter:
d Gedanke
u Gfüel
vrwüeschte

Mit de Wörter
faats a:
d Mitti sueche
zwüsche

Wüe…
……… schti
u Üüüüüüüber-
schwemmmmmmmig

Der Sommer 2021 hat der Welt grosse und zerstörerische Überschwemmungen, Hitzerekorde, Waldbrände und Stürme beschert.

III
Wort!
du grosses Wasser
wild u weich
treisch
bewegsch
mit Wind u Wälle
förchtisch
ke Widerstand

di Chraft
isch uralt-
nöigebore
ewigs
Jahwe-Wunder
einisch gangen i
ganz i dir
uf und under

Jahwe = Gottesname des Volks Israel, der von jüdischen Gläubigen nicht ausgesprochen wird.

RÄGEN U SCHNEE

Rägen u Schnee
chöme vom Himel
u gö i Himel
zrügg – nid ohni
Spure z hinterla:
dr Boden isch tränkt
d Pflanze wachse
Möntsch u Tier
hei z läbe

Grad eso mis Wort
seit Gott:
äs chunnt vo mir
u chunnt zu mir
zrügg – nid ohni
Spure z hinterla:
Gloube
wo ärdet
Hoffnig
wo wachst
Liebi
wo Frucht bringt

Freie Übertragung von Jes 55,10–11.

BECHLI

I mim Ghör
huset äs Malör

Vögeli zwitschere
im Winter z Nacht

Bechli ruusche
ir Wonig mit Macht

Nume d Wörter
gö mängisch vrloore

i minen Ohre

Gueti Musig
tschäderet

d Unterhaltig
vrfläderet

aber no tönt
ds gschribnige Wort

im Ohr
ä grosse Chor

Der Tinnitus ist mein treuer Begleiter.

Malör = malheur (franz.) = Unglück.

WORT-FLUSS

Wörter
wärde wach
gweckt
us ihrem Dornrööselischlaf

Gschichte
begrabe
vom Wörter-Tsunami
stöh uf us em Tod

Poetry-Slam

Ds Wort
geit blutt
uf d Büni
schiniert sech nid

äs wird wider gseit
vrzellt u ghört
dr Wortfluss fliesst
a sine Ufer blüits

Der Begriff Poetry-Slam wird englisch ausgesprochen; sinngemäss lässt er sich mit «Dichter-schlacht» oder «Dichterwettstreit» übersetzen. Die Veranstaltungsform entstand 1986 in Chicago und verbreitete sich in den 1990er Jahren weltweit. Zit. Wikipedia

PREDIG

Ä gueti Predig
isch ke Predig

ender äs Vrzelle
wo ds tägleche

Du-söttisch …
Du-müesstisch …

unter-bricht
u brichtet

wi üsi Gschichte
sech spiegle

i biblische Gschichte
u mir dadrdüür

Witi u Zit
chöi gwinne

un is
bsinne

SÄJE

I Gotts Name
ds Saatguet
säje

im Räge
ar Sunne
la errünne

ärne
danke
amen

Isch ds Worte
nid o
ä settigi

Saat-
Guet-
Sorte?

Im Berndeutschen gibt es das Verb «worte» im Sinn von «mit Worten streiten». Hier,
verfremdet, meint es «sprechen».

WÄTTER

Blitz
Hagel
Donner

Sturm
Sturzfluet
Tornado

Hitz
Stoub
Tröcheni

Flamme
frässe
Wälder Fälder Hüser

ds Wätter
wätteret
geng gfährlecher

Wi ds Wätter
so
d Wörter

stoubig
troche
zünd-haft

stürmisch
schlammig
bruun

Wo
isch ds Wort
wo d Wälle
gschweigget?

wo
ds Wort
us em Füür
wo befreit
statt vrbrönnt?

Bssst
bssst
mach
dis Wort parat
als koschtbars
Unikat

Markus 4,37–39
Da erhob sich ein heftiger Sturmwind, und die Wellen schlugen ins Boot, und das Boot hatte sich schon mit Wasser gefüllt. Er aber lag schlafend hinten im Boot auf dem Kissen. Und sie wecken ihn und sagen zu ihm: Meister, kümmert es dich nicht, dass wir untergehen? Da stand er auf, schrie den Wind an und sprach zum See: Schweig, verstumme! Und der Wind legte sich, und es trat eine grosse Windstille ein.

2. Mose 3, 1–2
Und Mose weidete die Schafe seines Schwiegervaters Jitro, des Priesters von Midian. Und er trieb die Schafe über die Wüste hinaus und kam an den Gottesberg, den Choreb. Da erschien ihm der Bote des HERRN in einer Feuerflamme mitten aus dem Dornbusch. Und er sah hin, und sieh, der Dornbusch stand in Flammen, aber der Dornbusch wurde nicht verzehrt.

SEE-SPIEGEL

Dr See
platsch-
voll
spiegelglatt
ke Chritz
ke Chratz
kes Boot
uf em See
See-le-Rueh

Hochwasser:
böötle
vrbotte

Uf em Spiegel-glatte
Wort-See-
Bild-Schirm
wird gsörfet
wi blöd

me jagt
nach nöje
Ii-Sichte
u Us-Sichte
ohni Us-Sicht
uf Ii-Sicht

Hochwasser-
gfährleche
Wälle-Schlag

Im Sommer 2021 war zeitweise jeglicher Schiffverkehr wegen Hochwasser eingestellt.

102

MEER

Dr Tag isch vrbii
u geng no da

ds Härz isch voll
blibe tüe Bilder

Stimme summe
äs Meer vo Grüüsch

Melodie touchen uf
vrhalle wi Wälle

d Zit vrschwümmt
Tröim chöme z flüge

vrflüge

Bilder u Stimme
Meer u Melodie

stimme ds Lied a
vom nöje Tag

jitz stimmt alls

TRÄNE

St. Peter
nid z Rom
nei z Züri

Wiiss
si d Wänd
nid d Prieschter

Z oberscht
ke Papscht
eifach ds Wort

Bsuecher
nid z Tuusete
– äs Dotze

mit tuuset
Gedanke

D Dili
nid guldig

da hange

zwo
grossi

glesigi
Träne

In der Zürcher Altstadt steht die schlichte Kirche St. Peter, etwas im Schatten von Grossmünster und Fraumünster.

KLANG

I
D Musig
treit d Wörter
d Wörter
trage d Musig
im Gsang
im Klang
finde si
enang

Ds Lied
treit mi Seel
mi Seel
treit ds Lied
im Gsang
im Klang
lose si
uf enang

Dr Körper
treit mi Seel
mi Seel
treit dr Körper
im Gsang
im Klang
trage si
enang

Bass u Tenor
tragen Alt u Sopran
Alt u Sopran
trage Bass u Tenor
im Gsang
im Klang
häbe si
enang

Äs Läbe
ohni Lieder
lodelet
drum summ
u brumm
gits Gsang
gits Klang
äs ganzes Läbe
lang

Enang: bei meiner Berndeutsch-Schreibweise bleibe ich, wie eingangs dargelegt, nahe bei
der schriftdeutschen Schreibweise. Hier jedoch ergäbe «enand» im Verhältnis zum «Klang»
einen Miss-Klang

II
Klang
wird
Wort

wart wi
ds Wort
wird

ds Wort
klingt
nache

ALPHORN

Liisli u lut
schwingen
u klingen
Alphorntön

Si singe das
wo kes Oug cha gseh
wo d Ohre chöi ghöre
vorab aber ds Härz

Himmelwärts göh di Tön
si schwäbe
us em Bächer
vom Horn

si ruusche
wi Wasserwälle
witer geng witer

si flüge dür d Luft
wi Schmätterlinge
wo mir vone tröime

Wo
göh si hii?
göh si hii?

Si vrlöh üsi Wält
u singen
ir Ewigkeit

singen u schwinge
mit dene wo i di anderi
Wält si gsprunge

Dert malen Ängle
mit Meischterhänd
us Farbekläng
ad Wulchewänd

Rägebögen a Himel
Aaberot ad Bärge
Mondschiinglanz ufe See
schicke drmit

Gruesswort zrügg
mache d Brügg
i üsi Wält
wo ds Stuune zellt

Unter dem Titel «We ds Alphorn tönt» wurde dieser Text von Theo Mutti vertont für Singstimme
und Alphorn. Quelle: «Alphornmelodien» von Theo Mutti, 3234 Vinelz, Eigenverlag.

ORGELE U KANZLE

Orgele
u
Kanzle

Argele
u
Konzle

Orzle
u
Klangete

Knorzle
u
Anglete

Mangel
u
Längi

d Chürzi
ä
Ängel

Amen

STILLI

Chilche-
Ruum
mächtig
mystisch

voll
Stilli
Liecht
Gebätt

voll
Lääri
Schwääri
Frage

voll
Musig
Gsang
u Wort

Ä chliine
Teil
vor Fülli:
Persone

si lö
SI Name
hie
la wohne

Dtn 16,11
Und du sollst fröhlich sein vor dem HERRN, deinem Gott, du und dein Sohn und deine Tochter,
dein Sklave und deine Sklavin und der Levit, der an deinem Ort wohnt, der Fremde, die Waise
und die Witwe, die in deiner Mitte wohnen – an der Stätte, die der HERR, dein Gott, erwählen
wird, um seinen Namen dort wohnen zu lassen.

BILD U TON

I
Ds Wort
– ä Ton

Ds Wort
– äs Bild

Ds Wort
tönt

setzt
ids Bild

Angeregt durch den Vortrag «Bild und Wort» von Prof. Dr. theol. Katharina Heyden, Bern, in der Ringvorlesung 2017 der Theologischen Fakultät der Universität Bern «Unsere grossen Wörter – reformatorische ReVisionen».

II
Ds Wort
het si Zit
o ohni Ort

Ds Bild
het si Ort
o ohni Zit

III
We Wort u Bild
enand chrüze

träffe sech
Ort u Zit

Unändlech
u ewig

gäben enand
gschwind gschwind

äs Müntschi

IV
Ds Theater
– äs Wort-Bild
begränzt
dür Zit
und Ort

Dr Film
– äs Bild-Wort
gspicheret
u flüchtig

V
D Schöpfig
isch voll mit
Wort u Bild u Ton

ds Wort tönt
ds Bild redt
dr Ton bildet

witer geng witer
bis zur Erfüllig
im nöjen Afang

PFIIFFE

D Vögeli
pfiiffe lut
mi Pfiiffe
rouchnet liisli

zäme
pfiiffe mir
uf alli
schlächte Nachrichte

hälle Rouch
u hälle Gsang
flüge
gäge Himel

säge
danke

BIG BÄNG

Dr Big Bäng
no ohni Masse
muess
bim Chlepfe passe

Liisli liisli
us em schwarz Loch
schlüüft ds Universum
vor zwölf Milliarde Jahr

Liisli liisli
us em Ruach-Wort
schlüüfe Tag u Nacht
am erschte Schöpfigstag

Jahr u Tag
u Zit u Ruum
Energii u Masse
mis Hirni söll das fasse?

Äs summet
u brummet
im dunkle
Gedanke-Loch

U da
Ping-päng
Päng-Pfing
bringt

ar Pfingschte
ds Ruach-Wort
nöji Energii
erschaffet

us Tuusete
vo Tön
än universelli
Symphonii

Angeregt durch den Vortrag der Astrophysikerin Kathrin Altwegg am 18. Mai 2021 in Biel «Auch wir sind Sternenstaub: eine Reise durch astronomische Dimensionen» vor den Soroptimist Biel. Anschliessend ergab sich ein kurzes, spannendes Gespräch zwischen der Astrophysikerin und dem Theologen.
Kathrin Altwegg (* 11. Dezember 1951 in Balsthal) ist eine Schweizer Astrophysikerin, sie war assoziierte Professorin an der Universität Bern, Projektleiterin des Massenspektrometers Rosina und Direktorin des Center for Space and Habitability (CSH) der Universität Bern.

Ruach (hebräisch) = Hauch, Wind, Geist.

Apostelgeschichte 2,1–4
Als nun die Zeit erfüllt und der Tag des Pfingstfestes gekommen war, waren sie alle beisammen an einem Ort. Da entstand auf einmal vom Himmel her ein Brausen, wie wenn ein heftiger Sturm daherfährt, und erfüllte das ganze Haus, in dem sie sassen; und es erschienen ihnen Zungen wie von Feuer, die sich zerteilten, und auf jeden von ihnen liess eine sich nieder. Und sie wurden alle erfüllt von heiligem Geist und begannen, in fremden Sprachen zu reden, wie der Geist es ihnen eingab.

NEI-NEI-NEI!

Pandemii-Opfer
Chriegs-Opfer
Vrchehrs-Opfer

Unfall-Opfer
Katastrophen-Opfer
Gwalt-Opfer

dr Tod
wott
Opfer

wott Gott
alli di
Opfer?

Scho d Prophete
proteschtiere:
nei-nei-nei!

dankbar sii
u grächt
wäri gnue
wäri rächt

Dr Jesus-Mord
offebart am Chrüz:
Opfer si absurd

zynisch
ungrächt
u brutal

Gott wott
nid Opfer
Gott wott Läbe

trotz em Tod
vor em Tod
u nach em Tod

tot-al

Hos 6,6
Denn an Treue habe ich Gefallen und nicht an Schlachtopfern und an Gotteserkenntnis mehr
als an Brandopfern!

LACHE

Dr Oschtertag erwachet
Chrischtus lachet:
ds Läbe het dr Tod vrwütscht
win äs Oschter-Ei vrtütscht!

Dr Oschtertag erwachet
Chrischtus lachet:
dr Tod isch ganz vr-rückt
är het sech sälber gschlückt!

Dr Oschtertag erwachet
Chrischtus lachet:
ds Grab isch läär
ud Erklärig schwäär!

Dr Oschtertag erwachet
Chrischtus lachet:
d Froue si scho lang am Grab
u si gäbe d Mannen i Trab!

Dr Oschtertag erwachet
Chrischtus lachet:
d Wächter si bös erchlüpft
d Philosophe piinlech tüpft!

Dr Oschtertag erwachet
Chrischtus lachet:
das Gheimnis laat sech nid dürdänke
o we d Gedanke sech vrränke!

Dr Oschtertag erwachet
Chrischtus lachet:
i laden ii zu Brot u Wii
a dir tote Tod vrbii!

Dr Oschtertag erwachet
Chrischtus lachet:
ds Liecht u ds Lache blibe zäme
ds Glärm u d Schätte chöi sech schäme!

Dr Oschtertag erwachet
Chrischtus lachet:
är lachet u dr Himel lachet
will dr Tod nie meh erwachet.

Dr Oschtertag erwachet
Chrischtus lachet:
alli Widersprüch – o Läben u Tod
ghöre dir du ewige Gott!

Osterlachen (lateinisch risus paschalis), auch Ostergelächter, bezeichnet den Brauch, in der Predigt an Ostern die Teilnehmer an einem Gottesdienst zum Lachen zu bringen. Grundanliegen des Osterlachens war es, die Osterfreude zum Ausdruck zu bringen. Es sollten die Überlegenheit und der Sieg über den Tod symbolisiert werden, der sich an Christus «verschluckt» hat und der Lächerlichkeit preisgegeben ist. Zit. Wikipedia.

GLOGGEGLÜTT

Öppis über mi Chilche
wi si isch u no cha wärde

Mi Chilchen isch
än Ort zum Danke:

ds Läben isch
äs Gschänk

drfür z danke
git em Läbe Sinn

Mi Chilche wott
Freiheit u Vrantwortig:

Vor-Bild u Grund-Satz
isch Chrischtus

är u niemer süsch
isch di höchschti Outorität

Mi Chilche schöpft
Wiisheit us dr Bibel:

di uralti Dichtig
di uralte Gschichte

wärde gheiliget
und aktualisiert

vom Geischt
wo keni Gränze kennt

Mi Chilchen isch
ä läbigi farbigi Gmeinschaft:

teilt Gloube
Hoffnig u Liebi

für dass si
wachse

sogar ds Vrsäge
cha zum Säge wärde

Mi Chilche schänkt is
ds Gloggeglüt u d Lieder

wo proteschtiere
gäge d Angscht u ds Leid

äs git Platz
für Friden u Fröid

Sinn und Widersinn der Kirche: Darüber denke ich auch als pensionierter Pfarrer nach.
Mir ist es wichtig – gerade auch vor mir selber –, Stellung zu nehmen.

GLESERKLANG

I
I ha Zit
drum bin i bi Zite da
u cha no
i Heilig Geischt
ine ga

Chan är
bi mir o ine
u sech i mir inne
niderla?

Die Offene Kirche Bern in der Heiliggeistkirche, direkt beim Hauptbahnhof Bern, bietet Raum
für Stille, aber auch für Gespräche, nicht mit ausgetrockneter Kehle.

II
D Niderlag
– äs Niderla
mit g
wi Geischt?

III
Witi u Stilli
zmitts
ir stadt-leche Fülli

Lääri
wunderschöni Lääri
weni Liecht
liisligi Stimme
schüüche Gleserklang

d Lääri
lüüchtet
klingt

IV
Zmitts ir Lääri
hööch obe
uf dr lääre Kanzle
isch d Kanzel-Tüüren offe
ds Wort isch transparänt

LUFT

Dr Meischter vo Niderbipp
Meier mit gwöhnlechem i
– wider typisch Meier
u Nider- nid öppen Oberbipp
Bipp u nid Popp
mit weichem B

Amrain seit dr Meier
sim Dorf
Amrain zwüsche Nider-
u Ober- wi a mängem Rein
zwüsche Jura und Ural

Bipp mit weichem B
wi Bindschädler oder Baur
zwöimal är – dr Meier –
mit sim herte Schädel
wo wagt drnäbe z schribe
schreg am Rein

Är bindet herti Schädle
das heisst d Gedanke
vo zwee herte Schädle
zäme
wo niemer würdi zämebinde
usgno dr Bindschädler
u dr Baur
ä gchürzte Bau(e)r
ä vrlengerete B(a)ur

Dr Bindschädler u dr Buur
gsehn enand sälte
de aber rede sii i eire Duur
lose gnau u luege
wit über Amrain use
ungloublech urtümlech
kompliziert u versiert
u gliich ä Redefluss wi
ä schnuurgrade Kanal

Jede Meier-Roman
ä länge Bsuech
wo dr Gerhard Meier
bim Läser macht
nei dr Läser machti
wenn är zuen ihm uf Niderbipp chäm
das heisst will dr Läser list
chunnt är bis uf Amrain
zwüsche Jura und Ural

Dr Luft heig är gärn
u dr Klang dr Meischter Meier
dr Luft wo am Rein na wäit
u chuttet u bruuset
u lüftlet – fiin u ruuch
dr Ruach us em Grosse Wort
wo am Meischter heilig isch
will är mit sim Klang läbt
u das gloubt är fescht
über das Läben uus
wenn är nümm am Rein isch
nümm z Nider-Bipp
unändlech hööch obe dert
wo Wort u Klang u Farb u Bild
zum Grossen Garten Eden wärde

Ruach (hebräisch) = Hauch, Wind, Geist.

Im Zentrum des Werks von Gerhard Meier (1917–2008), dem Schweizer Schriftsteller, steht die
«Amrainer Tetralogie» mit den Hauptfiguren Baur und Bindschädler.
Im Roman «Der Besuch» denkt sich der Mann auf Zimmer 212 aus, was er sagen würde, wenn
er Besuch bekäme. Der Roman ist fast ausschliesslich in der Möglichkeitsform geschrieben:
würde… hätte… täte…

LUFTIBUS

D Muetter Maria
wirft

ihres Chindli
hööch id Luft

Chrischtus
Luftibus

ä jungi fröhlechi Muetter
Esel Ochs u Joseph stuune

d Wiehnacht
ä grosse Wurf

dr Möntsch
wird nöi entworfe

Weihachtsdarstellung im Glasfenster der Kapelle der Schmiede im Münster, Freiburg i. Br.

MÜNTSCHI

I
Bärndütsch
mi Mund-Art:

Mund uf Bärn-
dütsch: Muul

E-mou: Muul
Muul-Art

än Art Kunscht
ds Bärndütsch:

Muul-Kunscht
d Lippe büschele

de münde si
im Müntschi

für d Muse
vilech äs Muss

dr Musekuss
uf Bärn-Muul-Art:

Muse-Müntschi

II
Ds Müntschi
gits nume
münd-lech
schriftlech
wärs nid so
fründlech
u weniger
gründlech

gloubets mir
i wohne
z Müntschemier

OHNI WORT

Wie chanis fasse?
d Wält isch schön!
mir fähle d Wort
dichte wetti
drüber brichte
ohni Wort

Jodel mit «Gloria»

Wie chani truure?
ds Härz tuet weh!
mir fähle d Wort
briegge sötti
chlage wetti
ohni Wort

Jodel mit «Kyrie eleison»

Lut chani juble
wäg dr Liebi!
mir fähle d Wort
springe wetti
drüber singe
ohni Wort

Jodel mit «Halleluja»

Was chönnti säge?
bhüet di Gott!

mir fähle d Wort
ume Säge
wetti bätte
ohni Wort

Jodel mit «Amen»

Als Jodellied vertont von Miriam Schafroth, uraufgeführt anlässlich der Verabschiedung von Hans-Werner Leibundgut als Kirchgemeindepräsident in der Kirche Ins 2011.

MÜSCHTERIUM

Ds Wort
äs Müschterium-
Müschterli
eisilbig
reinsilbrig:
DU

Ds Wort
äs Muschter-
Monschter
doppelzüngig-
giftig:
MINETwäge

Ds Wort-
Müschterium
tuet uf
git Schnuuf

Ds Wort-
Monschter
schnipp u schnapp
schnidt ab

Ds Wort
äs Müschterium
zum Vrwundere
äs Monschterium
zum Vrwunde

Ds Müschterium
stercher
als das Monschter
ds Lose stercher
als ds Diktiere
– u das isch Gloube

Müschterium = Mysterium (lateinisch) von (griechisch) Mysterion = Geheimnis.

MYSTIK

Di Katholische
heis liecht
ds Liecht vor Mystik
isch naach

Dr Franziskus
dr Brueder Chlous
d Theresa vo Avila
d Hildegard vo Binge

Ds ewige Liecht
vor Mystik
lüüchtet i jeder Chilche
i jeder Mäss

Die Katholische
heis schwär
schwär laschte d Chilchestrukture
uf Härz u Seel u Vrstand

Di Reformierte
heis liecht
zimlech liecht si
d Strukture vor Chilche

Liecht isch ds Wort:
dr Gerhard Tersteegen
dr Jeremias Gotthälf
d Sabine Nägeli u d Marga Bührig

alli alli
hei si Platz
ihre Platz isch
bi de Möntsche

Di Reformierte
heis schwär
schwär laschtet
ds entmythologisierte Wort
uf Härz u Seel u Vrstand

Ökumenisch

wäre

liechti Strukture

u ds Wort

im Liecht vor Mystik

Der Ausdruck Mystik (von altgriechisch mystikós ‹geheimnisvoll›, zu myein ‹Mund oder Augen schliessen›) bezeichnet Berichte und Aussagen über die Erfahrung einer göttlichen... Wirklichkeit sowie die Bemühungen um eine solche Erfahrung.

Bruder Klaus (* 1417 im Flüeli, Obwalden; † 21. März 1487 im Ranft ebenda) war ein einflussreicher Schweizer Bergbauer, Soldat, Einsiedler, Asket und Mystiker. Er gilt als Schutzpatron der Schweiz und wurde 1947 heiliggesprochen.

Teresa von Ávila (* 28. März 1515 in Ávila, Kastilien, Spanien; † 4. Oktober 1582 in Alba de Tormes, bei Salamanca) war Karmelitin sowie Mystikerin.

Hildegard von Bingen (* 1098 † 17. September 1179 im Kloster Rupertsberg bei Bingen am Rhein) war Benediktinerin, Äbtissin, Dichterin, Komponistin und eine bedeutende natur- und heilkundige Universalgelehrte.

Gerhard Tersteegen (* 25. November 1697 in Moers; † 3. April 1769 in Mülheim an der Ruhr) war ein deutscher Laienprediger und Schriftsteller.

Jeremias Gotthelf (* 4. Oktober 1797 in Murten; † 22. Oktober 1854 in Lützelflüh) war das Pseudonym des Schweizer Schriftstellers und Pfarrers Albert Bitzius.

Antje Sabine Naegeli, geb. Schrade, (* 1948 in Itzehoe, Schleswig-Holstein, lebt in Niederteufen/ AR. Evangelische Theologin, Pfarrerin, Psychotherapeutin, Autorin. Texte im Reformierten Gesangbuch 718, 721, 836. Quelle: Reformiertes Gesangbuch

Marga Bührig (* 17. Oktober 1915 in Berlin; † 13. Februar 2002 in Binningen) war eine deutschschweizerische Germanistin, Theologin und Frauenrechtlerin.

Wo nicht anders vermerkt ist die Quelle Wikipedia.

Das entmythologisierte Wort: Das Wort kommt rational und als Argument daher, ohne poetische und mystische Kraft (Erklärung des Autors).

GEISCHT-BLITZE

Geischt-
Blitze
flitze

i Wort
gfasset
chöi si

sitze

MORGESTÄRN

Morgestärn
ha di gärn

schiinsch so mild
uf ds Galgefäld

fassisch d Wörter-Liiche
wo desume schliiche

hänksch sen a Galge
lasch se la bambele

dass ihri Gedanke
no witer chöi galgele

Christian Morgenstern (1871–1914) verfasste den Gedichtband «Galgenlieder», der 1905 in
Berlin erschien.

ÄNGEL

I
Si chöme
z flüge
u z loufe

si chöme
stelle Frage
bringe dä Bricht

unvrhofft
unschiinbar
hie u dert

si rede
mi Sprach
– vilech

hei si
än änglische
Akzänt

so chöme si
d Ängle
merken igs?

II
Müesse
Ängle
rede?

oder
chöi si
eifach lose?

Müesse
Ängle
flüge?

oder
chöi si
eifach loufe?

Bruuche
Ängle
Flügle

oder hei
ihri Wort
einewäg Flügle?

III
I gloube
a Ängle

u zwiifle
a Gott

Aber isch
dr Ängel

nid ä Bott
vo Gott?

u bringt
sis Wort

zmitts
i Zwiifel?

IV
O gueti Frage
si gueti Wort

beflügle
d Gedanke

Bott = Bote.

WÄGWIISER

I
Weli Wort
wiise
uf Wäge
id Witi?

Wort
mit Rück-Sicht
Vor-Sicht
Nach-Sicht

Wort
wo warte
uf Ant-
Worte

Wort
wo er-wäge
ab-wäge
d Härz-
Haftigkeit
wage

Äs git se
d Wort
wo Wäge
us dr Ängi
id Witi
wiise

II
Di drei Chünige
wiist
dr Stärn

uf ä Wäg
uf ä wit
wit Wäg

i Stall
zum Chind
– da

fat
d Witi
a

Ds Chind
ohni Wort
wird zum Wort

d Ant-
Wort
vom Himel

uf d Wort-
Losigkeit
i Nacht u Not

Jahwes
Ja-
Wort

zur Ärde
zur Schöpfig
zum Möntsch

III

Ä Süüle
us Füür
ir Nacht

Ä Wulche-
Süüle
am Tag

Dr göttlech
Wäg-Wiiser
ir Wüeschti

Jahwe = Gottesname des Volks Israel, der aber von jüdischen Gläubigen nicht ausgesprochen wird.

Matth 2,1–12
Erzählung vom Weg der «drei Könige», resp. Sterndeuter.

Dr Mose
und Israel
früecher

Ä Chrippe
das Chind
ir Nacht

Am Chrüz
dr Möntsch
zmitts am Tag

Persönleche
Wäg-Wiiser
im Läbe

Chrischtus Jesus
ig u du
hüt

2. Mose 13,21
Der HERR aber ging vor ihnen her, am Tag in einer Wolkensäule, um sie den Weg zu führen,
und bei Nacht in einer Feuersäule, um ihnen zu leuchten, so dass sie Tag und Nacht gehen
konnten.

Markus 15,33–34
Und zur sechsten Stunde (12 Uhr) kam eine Finsternis über das ganze Land bis zur neunten
Stunde. Und in der neunten (15 Uhr) Stunde schrie Jesus mit lauter Stimme: Eloi, eloi,
lema sabachtani!, das heisst: Mein Gott, mein Gott, warum hast du mich verlassen!

GRÄNZE

Ds Wort lüüchtet
i allne Farbe
tönt i tuuset
Sprache
kennt keni
Gränze

u chunnt
undereinisch
gliich a Gränze

D Farbe
vrsinke
ir Schwerzi
d Sprach
im Schwige

Ds Wort
sueche
u finde
wird Läbes-
wichtig

Ds Wort
berüert
ds Schwige
mit fiine
Finger
bringt Farb
id Schwerzi

er-liechteret
er-heiteret

Entstanden aus dem Gespräch mit Jeannine König über ihren Essay «Die unsagbare Macht des Wortes» zum Eingang dieses Buches.

GULD

I
Geduld
mit em Wort

isch Guld
für d Sprach

D Gedanke
glänze

si lüüchte
mir ii

Ungeduld
mit em Wort

isch Stoub
für d Sprach

dr Ghalt vrstübt
Lääri blibt

II
Ds Bibelwort
ä Guldschatz

under em Stoub
vor Sprach

Geduld Geduld
süferli süferli

schuflen u grabe
blasen u pinsle

ds Wort
chunnt vüre

glänzt
wi Guld

III
Guld u Geduld
ligen ir Tiefi

mit scharfe
Wärchzüüg

ga schürfe
schlaat Wunde

Im Gägesatz
zum Guld

cha me Geduld
nume sälber

ga schürfe
süsch blibt me

ar Oberflächi
täti sörfe

BROT

I
Wird dr B
vom Brot
weicher

u rückt dr r
vom Brot
chli furt

wird
ds Brot
zum Wort

Wird dr W
vom Wort
feschter bache

u dr r
vom Ort
rot

wird
ds Wort
zum Brot

II
Ds W O R T
drei-viertel
vom B R O T

Ds B R O T
drei-viertel
vom W O R T

Ds Wort
ä guete Bitz
vom tägleche Brot

WÖRTER-SPIIS

Wörter
wärde

gschribe
gläse

gchüschtiget
gschlückt

lige
uf em Mage

wärde
vrdout

loufe
drdüür

wärde
abputzt

oder

si göh
z Härze

blibe
bhange

nähres
fülles

Dr Prophet
Ezechiel

isch nid
dr letscht

wo wörtlech
id Wörter

biisst
u se vrspiist

Ezechiel 3,1–3
Und er sprach zu mir: Du Mensch, iss, was du vorfindest, iss diese Schriftrolle, und geh, sprich zum Haus Israel! Und ich öffnete meinen Mund, und er liess mich jene Rolle essen. Und er sprach zu mir: Mensch, gib deinem Bauch zu essen und fülle dein Inneres mit dieser Schriftrolle, die ich dir gebe! Da ass ich sie, und in meinem Mund wurde sie wie Honig, süss.

BSINNIG

Ds Wort
chunnt
z Wort

wo me
enand
ds Wort gönnt

wo me d Ant-
Wort
nid schüücht

wo ds Härz
u dr Chopf
Platz hei

d Gedanke
nid
flüchte

Ds Wort
chunnt
z Wort

wo d Bsinnig
ds Wort
treit

CHRISCHTUS

Ds Wort
wird Liib-haftig
Chrüz-haftig

Ds Wort
wird Härz-haft
Bluet-warm

Ds Wort
wird Chopf-laschtig
Dorne-chronig

Ds Wort
wird Hand-lech
Hand-gnaglet

Ds Wort
vrzwiiflet
u brüelet

warum!?

Ds Wort
wird Wunde
u ds Wunder
wird möntschlech

Matth 27,46.50
Um die neunte Stunde aber schrie Jesus mit lauter Stimme: Eli, Eli, lema sabachtani!, das heisst: Mein Gott, mein Gott, warum hast du mich verlassen! ... Jesus aber schrie noch einmal mit lauter Stimme und verschied.

NUME

Ds Wort
numen
äs Wort

Ds Wort
meh als
äs Wort

Ds Wort
wine Wirt
wo wirtet

Ds Wort
wine Hirt
wo hüetet

Ds Wort
winen Ort
zum Wohne

Ds Wort
wine Hort
zum Orte

Chrischtus
numen
äs Wort

Chrischtus
meh als
äs Wort

Chrischtus
Wirt u Hirt
vom Wort

Chrischtus
Ort u Hort
vom Wort

Chrischtus
A und O
vom Wort

Chrischtus
DAS
WORT

Offb 22,13
Ich (Christus) bin das A und das O, der Erste und der Letzte, der Anfang und das Ende.

A und O: A ist der erste und O der letzte Buchstabe im griechischen Alphabeth.

GSCHICHTE

Jedi Gschicht
het
än eigeti Sprach

Jedi Sprach
het
än eigeti Kultur

Ä gueti
Gschichte-Sprach-
Kultur

laat eim ds Läbe
nöi
la gwichte

zum Bispiil
o
mit biblische Gschichte

ZIT-GÜMP

D Zit geit
d Zit geit geng
d Zit geit geng gleitiger
u gumpet

D Zit gumpet
hindertsi
bim Vrzelle

u gumpet
gliich vüretsi
grad bim
Hindertsigumpe

Gumpet d Zit
z wit
fat si a
himpe

u ds Hirni
himpet mit
äs git äs Gnuusch
mit dr Zit

u sider
geit d Zit
u geit
u geit

Heit Sorg
zur Zit
bevor dass si
gangen isch

VOGEL

I fa nech
dihr Wörter

u dihr
föt mi

buechstabieret mi
vüretsi u hindertsi

u bis
uf ds Bluet

Dihr chlopfet
wi mis Härz

zellet
mi Zit

gät dr Lääri
ä Name

Zeiget mir
ä Vogel

wo singt
süsch

meinti emänd
Liebi u Tod

gäbi enand
d Hand

Versuch, das Gedicht von Nelly Sachs «Ich nehme euch gefangen ihr Worte» ins Berndeutsche zu übertragen.
Nelly Sachs (* 10. Dezember 1891 in Schöneberg, † 12. Mai 1970 in Stockholm) war eine jüdische deutsch-schwedische Schriftstellerin und Lyrikerin. Quelle: Wikipedia.

RITTER

D Sätz vrknappe
jedes Wort
zum Ritter schlaa

Angeregt durch Kurt Martis Gedichtband «Wo chiemte mir hi».

GLATZE

D Wort-Chappe
uf d Satz-Glatze
passe

u
häbe si?

oder
rütsche si

über d Ouge
u d Ohre

u d Sätz
gö vrlore?

Angeregt durch Kurt Martis Gedichtband «Wo chiemte mir hi».

172

BLUEMECHIND

I
Kreidolfs Blueme-Gstalte
u Blueme-Chind
di luschtige Zwärge
u Gnome

tanzen u singe
brieggen u truure
blüje
vrwelke

vrzelle
ds Läbe
i allne Farbe
fiin u wahr

Di gstabigi «Mitgschöpflechkeit»
het dr Kreidolf
scho lang
poetisch hinterleit

Ernst Kreidolf (* 9. Februar 1863 in Bern; † 12. August 1956 ebenda) war ein Schweizer Maler, Grafiker und Erneuerer des Bilderbuches. Quelle: Wikipedia.

«Wachsen – blühen – welken. Ernst Kreidolf und die Pflanzen». Titel der Ausstellung im Kunstmuseum Bern 2020.

II
Zwe Wältchriege
u dr Kreidolf
zeichnet u dichtet
Bluememärli

Sini Bluememärli
überläbe
dä Lugi-Tötigs-Wahn
wi
wunder-wahr

WAS BLIBT

Mir träffen enand
u brichte
was blibt?

Mir schaffe
äs Bruefsläbe lang
was blibt?

Mir stärbe
vrschwinde
was blibt?

Was blibt
blibt
äs göttlechs Gheimnis

blibt
sicher
ufbewahrt

im Wort
wo blibt
für geng

SÄGE

Ä Säge
säge:

äs Wort
wo leitet
u begleitet

Dr Säge
uf öpper lege:

ä Huet
wo bhüetet
bi Sunnen u Räge

Dr Säge
ushändige:

ä Stäcke
wo schützt
u stützt

Dr Säge öpperem
unterlege:

Schueh
für alli Wäge
o für stotzigi Stäge

Dr Säge öpperem
mitgä:

ä Gruess
i tue
a di dänke

bisch nie elei
geng si mir
drei

du un ig
u Gott
wos so wott

DANK

Der grösste Dank gilt meiner Frau Elisabeth. Sie ist die erste, die meine Texte liest und kommentiert, Verbesserungsvorschläge anbringt und die Orthografie überprüft. Die Entstehung dieses Buches hat sie von Anfang bis Ende geduldig begleitet. Von Elisabeth stammen auch die Fotografien im Text.

Ein grosser Dank gilt dem Weber Verlag, Thun, der mir die Herausgabe der «Wort-Steine» ermöglicht. Madeleine Hadorn verdanke ich das kritische und respektvolle Lektorat und Celine Lanz die grafische Gestaltung.

Ich danke der Verfasserin des Essays und dem Verfasser des Nachworts, über deren Beiträge ich mich sehr freue. Beide befassen sich professionell mit dem Wort: Jeannine König als Philosophin und Journalistin, David Plüss als Dozent für Homiletik und Liturgik (Gottesdienst). Beide stehen mitten im Berufsleben. Auf dem schmalen Weg des Worts werde ich vorne und hinten von Jüngeren und Kräftigeren gesichert.

Ich hoffe, dass Menschen verschiedener Generationen, die sich für Bärndütsch, für Wort und Sprache interessieren, in diesem Buch mit Freude und Interesse lesen werden.

Müntschemier, Ostern 2022

WORTSKULPTUREN

Nachwort von David Plüss

Gedichte wie Steintürme. Wie die Steinskulpturen, die der Enkel kunstvoll aufeinanderschichtet, Stein für Stein. Darunter und dazwischen hat er trockene Birkenäste geklemmt, die eine luftige Brücke bilden. Auf diesen lässt er weitere Steintürme ins Blau des Himmels ragen. Ueli Tobler schichtet sein erstes Gedicht daneben. Es bildet den Auftakt und stellt so etwas wie das Modell der folgenden Gedichte dar: Es gibt den Ton des Gedichtbands vor und den Rhythmus und die Bildsprache.

Der Enkel hat seinem Grossvater mit seiner Steinskulptur das bildhafte Motto geliefert, ein Gleichnis für seine eigenen Wort-Skulpturen. Denn Gedichte sind tatsächlich vergleichbar mit Steintürmen, nur anders geschichtet. Nicht von unten nach oben, sondern von oben nach unten. Doch das Aufschichten der poetischen Skulptur geht ganz gleich vonstatten: Ein Wort wird süferli auf das andere gelegt, wobei jedes Wort in die Hand genommen, gewogen, gewendet und geprüft wird, ob es genau an dieser Stelle passen oder wieder zur Seite gelegt und durch ein anderes Wort ersetzt werden muss. Vielleicht passt das Wort, das Bild oder die Zeile später oder woanders oder bleibt liegen.

Das Gleichnis trägt uns noch weiter: Ueli Toblers Gedichte sind Skulpturen aus Wortbrocken, verdichtet und gewichtig. Reduziert auf das Nötigste. Maximale Kargheit. Und da, wo die Reduktion das Verstehen herausfordert und zum Stolpern bringt, helfen Fussnoten dem Verstehen oder Assoziieren wieder auf die Beine und stützen den Sinn der Wortskulptur wie die Birkenäste des Enkels die Steintürme.

Worte – auch dies zeigt das Gleichnis – sind mehr als die Bedeutungen, die sie transportieren. Worte sind, laut gesprochen, Stimme, artikulierte Klänge und Klangräume. Gedichte sind rhythmisierter Klang. Gedichte sind bewegtes Sprechen. Die Rhythmen und Reime von Ueli Toblers Gedichten animieren dazu, laut zu lesen, den Tanz der Vokale, Konsonanten und Reime zu tanzen, zuerst stimmlich, dann auch gedanklich.

Dass es ein Pfarrer ist, der diese Wortskulpturen gebaut hat, weiss, wer Ueli Tobler kennt. Wer es nicht weiss, erkennt es weder auf den ersten noch auf den zweiten Blick. Weder der Titel noch der Untertitel des Bandes verraten es. Und auch im Inhaltsverzeichnis muss man weit fortschreiten, bis man über «Hiob», «Predig», «Orgele u Kanzle» oder «Gloggeglütt» stolpert. Doch wer das Buch aufschlägt und mit Lesen beginnt, stösst schon beim zweiten Teil des ersten Gedichts auf eine kleine, verdichtete Predigt. Oder genauer: auf eine biblische Steinkunde, verpackt in ein Credo, das mit dem einen Auge zwinkert.

Es ist unverkennbar: Hier schreibt einer, der als Pfarrer Zeit seines Lebens immer wieder auf die Kanzel stieg, um seiner Gemeinde Bibeltexte zu erklären, der Gebete schrieb und seinen Konfirmandinnen und Konfirmanden die Geheimnisse der Bibel und das Geheimnis des Glaubens zu vermitteln suchte. Denn darum geht es im Pfarramt: um die Darstellung und Mitteilung des Glaubens, orientiert an biblischen Geschichten, Metaphern[1] und Gebeten. Und darum geht es auch in vielen der vorliegenden Gedichte. Die ersten kreisen um das Wort in seiner Polyphonie[2], wobei das Bibel- und Gotteswort von Anfang an unüberhörbar mitschwingen und gemeint sind – so in den Gedichten «Bode», «Netz», «Huus», «Wonig».

Wie Albert Bitzius[3], der, wenn er nicht in der Kirche predigen oder in der Schulstube unterrichten musste, sich in die Studierstube zurückzog, um Novellen und Romane zu schreiben, in denen er nichts anderes tat als auf der Kanzel oder in der Schulstube, nur mit anderen sprachlichen Mitteln und für eine grössere «Gemeinde». Und mit offenkundig grosser Lust am Erzählen, Ausschmücken und Dramatisieren. Die Lust an der Sprache springt auch bei Ueli Toblers Gedichten ins Auge und schlägt manchmal Purzelbäume. Die Freude am Aufschichten von Wortskulpturen, an den sich einstellenden Sprachspielen und Stabreimen und klanglich bedingten Assoziationen und Assonanzen[4]. Sie geben den Gedichten eine grosse Leichtigkeit, trotz des – zuweilen auch theologischen – Gewichts einzelner Wort-Brocken.

Die Gedichte sind ernsthaft, engagiert – und verspielt zugleich («Spile»). Vielleicht kommt dem Dichter hier wieder sein Enkel zu Hilfe, steht ihm vor Augen, wenn er etwa das Gedicht «Huus» schreibt, das wie ein Kinderreim anmutet, inhaltlich aber in die Tiefe bohrt.

Auch die Mundart kommt Ueli Toblers Gedichten zu Hilfe. Die Berner Mundart eignet sich vortrefflich für Gedichte, Reime und Verse – wie sie sich auch für Gebete und Predigten eignet. Und zwar darum, weil die Mundart im Alltag die Ökonomie der Reduktion pflegt, der Verknappung, der Prägnanz. Und weil die Berner Mundart viele onomatopoetische[5] Ausdrücke enthält, die Ueli Tobler gut kennt und mit Lust und Witz in seine Wortskulpturen einbaut.

Eine letzte Bemerkung noch: Der Gedichtband ist sehr persönlich. Ueli Tobler zeigt, wie er durch die Welt geht, was ihm auf- und einfällt und was ihm Trost gibt im Leben und im Sterben. Die einen Gedichte sind anlassbezogen wie verdichtete Tagebucheintragungen, wobei der jeweilige Anlass in einer Anmerkung festgehalten wird. Andere sind vertrauensvolle Gebete, Bekenntnisse des Glaubens, Psalmen unserer Zeit. Wieder andere räsonieren, erklären, plädieren und motivieren. Verspielte und zugleich ernsthafte, geistreiche und im besten Sinne geistliche Wortskulpturen sind sie alle.

---

[1] Metapher bedeutet die Übertragung eines Wortes in eine uneigentliche Bedeutung bzw. ein bildhafter Ausdruck. Vgl. dazu Helmut Glück / Michael Rödel (Hg.): Metzler Lexikon Sprache, Stuttgart 5. Aufl. 2016, 428 f.

[2] Polyphonie bedeutet Mehrstimmigkeit, wobei der Begriff hier bildhaft (metaphorisch) verwendet wird und eigentlich Mehrdeutigkeit (Polysemie) meint.

[3] Bekannt als Jeremias Gotthelf, der Schriftstellername von Albert Bitzius (zugleich Name des Protagonisten seines ersten Romans «Der Bauernspiegel»).

[4] Assonanzen sind klanglich teilweise gleichlautende Wörter. Es handelt sich um eine Vorform des Reims. Vgl. Glück/Rödel 2016, 64 (Anm. 1).

[5] Onomatopoetisch bedeutet lautmalerisch.

ANGABEN ZU DEN PERSONEN

Ueli Tobler
* 1950
Aufgewachsen in Bern.
Verheiratet mit Elisabeth, 1989–2014 Pfarrerin in Biel.
Vater und Grossvater.

Ausbildungsorte: Bern, Erlangen, Zürich, Israel, Unterseen, Boston
1976 – 2016   Pfarrer von Brüttelen-Treiten-Müntschemier,
                   reformierte Kirchgemeinde Ins.
Studienurlaube: in Korea/Japan, auf Tenerife und in Rom.
1994/96 – 2010   Geschäftsführer der Schweizerischen reformierten
                   Arbeitsgemeinschaft Kirche und Landwirtschaft
                   srakla und Leiter des Bäuerlichen Sorgentelefons.
2000 – 2015   Mitglied des Careteams Kanton Bern.

Heute: Wort-Werker, Rebarbeiter, Alphornbläser, Spazier- und
                  Kirchgänger; zu Hause noch immer in Müntschemier.

Veröffentlichungen: Berndeutsche Geschichten; «Elemente des Lebens –
Ethik zwischen Natur und Markt». Autor von Theaterstücken.
www.wort-werker.ch.

Jeannine König

* 1980

1996 – 2007	Journalistin, unter anderem bei Radio 24 Zürich, Der Tagesspiegel Berlin, Capital FM Accra.
2007 – 2010	Studium der Philosophie Schwerpunkt Ethik und Religionswissenschaften Schwerpunkt Islam, Universität Bern.
2010 – 2012	Master in Political and Economic Philosophy (PEP), Universität Bern.
2010 – 2014	Hilfswerksvertreterin für das HEKS bei Asylanhörungen durch das Staatssekretariat für Migration.
2014 – 2020	Verantwortliche Produzentin und Sprecherin bei den Nachrichten von Radio SRF.
2020 – 2021	Bundeshauskorrespondentin Nachrichtenagentur Keystone-SDA.
2022	Studienaufenthalt in Jordanien.

David Plüss

* 1964

1987 – 1993	Studium der Evangelischen Theologie in Basel und Berlin.
1995/96	Pfarramtliches Praktikum (Vikariat) in Diegten BL und Liestal (Psychiatrische Klinik). 1996 Ordination zum Verbi Divini Minister.
1996/97	Studienaufenthalt in Paris mit einem Förderungsstipendium des Schweizerischen Nationalfonds.
1997 – 2005	Assistent/Oberassistent für Praktische Theologie an der Theologischen Fakultät der Universität Basel.
2000	Promotion mit einer Arbeit über Emmanuel Lévinas.
2005	Habilitation mit einer Arbeit über Gottesdienst und Inszenierung.
Seit 2010	Professor für Homiletik, Liturgik und Kirchentheorie an der Theologischen Fakultät der Universität Bern.